Dankbarkeit für jeden Tag

für deine Dankbarkeits Routine

Pascal Scholz

Dankbarkeit für jeden Tag

Ein Dankbarkeitstagebuch mit Inspirationen
für deine Tägliche Dankbarkeitsroutine

Bibliografische Information der Deutschen Nationalbibliothek:
Die Deutsche Nationalbibliothek verzeichnet diese
Publikation in der Deutschen Nationalbibliografie;
detaillierte bibliografische Daten sind im Internet
über http://dnb.dnb.de abrufbar.

Herstellung und Verlag:
BoD – Books on Demand, Norderstedt

ISBN: 978-3-7583-0584-9

"

Nicht die Glücklichen

sind dankbar.

Es sind die Dankbaren,

die glücklich sind.

"

FRANCIS BACON

Eine kleine Einführung

Was ist Dankbarkeit?

Es ist immer wieder zu beobachten,
wie Eltern Ihren Kindern antrainieren „danke" zu sagen.
Auch dir haben deine Eltern mit ziemlicher Sicherheit suggeriert,
das du gerade dann,
wenn du etwas bekommen hast, „danke" zu sagen hast.

Oder in deinem Umfeld kam schon die durchaus Übergriffige Botschaft:
„sei doch dankbar…"
In diesem Zusammenhang ist auffällig,
das wir zwar alle „Danke" sagen können,
weil man es uns beigebracht hat,
weil es erwartet wird
und zum "guten Ton gehört."

Weil wir dankbar zu sein haben.

Doch wenn es nicht von Herzen kommt, ist eben nur eine Floskel.
Und so verkommt eine Gefühl,
das von Herzen kommt,
zu einer Worthülse die man um sich wirft weil es erwartet wird,
weil man unbewusst konditioniert wurde, „danke" zu sagen,
jedoch ohne sich auch wirklich dankbar zu fühlen.

Dankbarkeit ist ein Gefühl der Liebe,
die wir in unserem Herzen bewusst erzeugen und empfinden können,
wenn wir beginnen die Dinge, die uns geschenkt werden,
von unserem Gegenüber,
einer Situation oder vielleicht auch vom Leben,
Gott oder Universum, anzunehmen.

Nicht weil wir, weil du, es musst, sondern weil du es kannst.
Je mehr Dankbarkeit du in deinem Herzen selbst erzeugst,
um so mehr Menschen,
Situationen und Erfahrungen ziehst du an,
denen du dankbar sein darfst und um so glücklicher wird dein Leben.

Es ist evolutionär bedingt,
das unser Gehirn sich aus einer Form des Selbstschutzes
bis zu 7 mal stärker auf etwas negatives,
vermeidlich gefährliches fokuss ert,
als auf die vielen positiven Dinge,
die Geschenke, welche sich im laufe eines Tages in unserem,
in deinem Leben ereignen.

Eines der Machtvollsten Werkzeuge,
dieses Netzwerk in unserem Gehirn zu verändern,
ist wirkliche Dankbarkeit aus unserem Herzen heraus.

Und um dich, für dich und in dir,
eine Routine der Dankbarkeit zu schaffen,
soll dir dieses Buch dienen.

Es bietet dir Platz für deine tägliche Dankbarkeitsnotizen,
die Möglichkeit dich zu reflektieren
und bietet Impulse und Inspiration,
um dein Dankbares Denken
auch tiefer zu erleben und zu erfahren.

Anleitung

Wie du dieses Buch am besten für dich nutzt

Ich weiß nicht, ob du eine Routine hast, bevor du zu Bett gehst,
wenn noch nicht, möchte ich dir diese ans Herz legen:

Unser Unterbewusstsein verarbeitet am intensivsten,
was wir bei unserem Weg kurz vor dem Einschlafen machen,
mit was wir uns beschäftigen,
ob im außen oder in unserem Gedanken und Gefühlen.

Daher ist es das Wertvollste sich auf seinem Weg zu einem erholsamen Schlaf in
positiven Gedanken und Emotionen, ja förmlich zu baden.

Und um das mit Leichtigkeit umzusetzen,
ist dein Nachttisch der Optimale Ort für dein Dankbarkeitsbuch.

Wenn du dein Dankbarkeitsbuch vor dem Schlafen ausfüllst,
schwingst du dich immer mehr in eine positive Stimmung,
welche ganz natürlich in deinem Unterbewusstsein wirkt,
gerade dann sehr intensiv wenn du schläfst.

Fülle es in den letzten Minuten vor dem Schafen aus
und schon in wenigen Wochen wird sich in deinem Leben
eine unausweichliche Verändern einstellen.

Du kannst dir auch an jedem anderen Zeitpunkt des Tages eine Routine schaffen,
in der du dich deiner Dankbarkeit zuwendest.
Vielleicht am morgen nach dem Aufstehen, zum Kaffee oder Tee
oder nach deinem Feierabend oder einem Zeitpunkt der für dich Optimal ist.

Ich habe für dich noch eine besonderheit um deine Dankbarkeit zu vertiefen,
habe ich nach jeder Woche, also nach 7 Tagen,
eine kleine Inspirierende Geschichte eingefügt
sowie eine Seite in der du dir Notizen als Zusammenfassung
der vergangenen Woche machen kannst.

Ich wünsche dir nun viel
Freude beim vertiefen deiner
täglichen Dankbarkeit

Herzlichst

Pascal Scholz

*Je schöner und voller die Erinnerung,
desto schwerer ist die Trennung.
Aber die Dankbarkeit verwandelt
die Erinnerung in eine stille Freude.*

Dietrich Bonhoeffer

Schreibe 5 Dinge, Situationen oder Menschen auf,
für die du heute Dankbar bist:

_____

_____

_____

_____

_____

_____

_____

_____

Was dir heute besonders wichtig war:

_____

_____

_____

_____

"

Freude ist die einfachste Form der Dankbarkeit.

Karl Barth

"

Schreibe 5 Dinge, Situationen oder Menschen auf,
für die du heute Dankbar bist:

_____

_____

_____

_____

_____

_____

_____

Was dir heute besonders wichtig war:

> *Dankbarkeit und Liebe*
> *sind Geschwister.*
>
> Christian Morgenstern

Schreibe 5 Dinge, Situationen oder Menschen auf,
für die du heute Dankbar bist

_____

_____

_____

_____

_____

_____

_____

Was dir heute besonders wichtig war:

_____

_____

_____

_____

Was immer das Leben mir zuwirft –
ich nehme es und bin dankbar dafür.

Tom Felton

Schreibe 5 Dinge, Situationen oder Menschen auf,
für die du heute Dankbar bist:

_____

_____

_____

_____

_____

_____

_____

_____

Was dir heute besonders wichtig war:

_____

_____

_____

_____

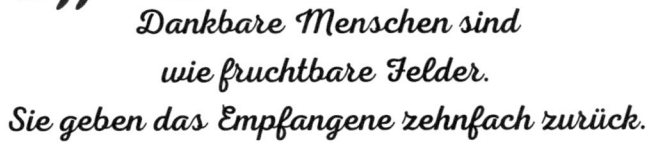

*Dankbare Menschen sind
wie fruchtbare Felder.
Sie geben das Empfangene zehnfach zurück.*

August von Kotzebue

Schreibe 5 Dinge, Situationen oder Menschen auf,
für die du heute Dankbar bist:

_____

_____

_____

_____

Danke

_____

_____

_____

Was dir heute besonders wichtig war:

_____

_____

_____

_____

> *Danke doch lieber für das,*
> *was du bekommen hast;*
> *auf das andere warte*
> *und freue dich,*
> *dass du noch nicht alles hast.*
>
> *Lucius Annaeus Seneca*

Schreibe 5 Dinge, Situationen oder Menschen auf,
für die du heute Dankbar bist:

_____

_____

_____

_____

_____

_____

_____

_____

Was dir heute besonders wichtig war:

_____

_____

_____

_____

> "Du sollst dankbar sein für das Geringste,
> und du wirst würdig sein,
> Größeres zu empfangen.
>
> Thomas von Kempen "

Schreibe 5 Dinge, Situationen oder Menschen auf,
für die du heute Dankbar bist:

Danke

Was dir heute besonders wichtig war:

Zen-Geschichte

Ein alter Mann, der mit seinem Sohn zusammen lebte, züchtete Pferde. Eines Tages lief sein wertvollster Hengst davon. Die Nachbarn kamen, um ihr Bedauern auszudrücken, doch der Mann sagte nur: "Woher wisst ihr, dass dies ein Unglück ist?" Am nächsten Tag kam der Hengst, begleitet von einigen Wildpferden zurück, und die Nachbarn kamen wieder, um zu dem Glücksfall zu gratulieren, doch der Mann sagte nur: "Woher wisst ihr, dass dies ein Glücksfall ist?" Am nächsten Tag wurde der Sohn beim Versuch, eines der Tiere zuzureiten, abgeworfen und brach sich ein Bein. Wieder kamen die Nachbarn, um ihr Mitleid zu bekunden, doch der Mann sagte nur: "Woher wisst ihr, dass dies ein Unglück ist?" Kurz darauf kam es zu kriegerischen Auseinandersetzungen, doch da der Sohn verletzt war, wurde er nicht als Soldat einberufen.

Wochenreflektion

Welchen 5 Situationen warst du in dieser Woche besonders Dankbar?

_____

_____

_____

_____

_____

Welchen Menschen warst du in dieser Woche besonders Dankbar und warum?

_____

_____

_____

_____

_____

Wochenreflektion

Beschreibe kurz deinen Glücklichsten Moment in dieser Woche:

_____

_____

_____

_____

_____

Was war dir in dieser Woche noch wichtig und wertvoll?

_____

_____

_____

_____

_____

Erlittene Übeltaten meißeln wir in Marmor.
Empfangene Wohltaten schreiben wir in Sand.

Thomas Morus

Schreibe 5 Dinge, Situationen oder Menschen auf,
für die du heute Dankbar bist:

_____

_____

_____

_____

_____

_____

_____

Was dir heute besonders wichtig war:

_____

_____

_____

_____

Dankbarkeit ist der Himmel selber,
und es könnte kein Himmel sein,
gäbe es die Dankbarkeit nicht.

William Blake

Schreibe 5 Dinge, Situationen oder Menschen auf,
für die du heute Dankbar bist:

_____

_____

_____

_____

_____

_____

_____

_____

_____

Was dir heute besonders wichtig war:

_____

_____

_____

_____

Es gibt auf der Welt kaum ein schöneres Übermaß als das der Dankbarkeit.

Jean de La Bruyèr

Schreibe 5 Dinge, Situationen oder Menschen auf,
für die du heute Dankbar bist:

_____

_____

_____

_____ Danke _____

_____

_____

_____

Was dir heute besonders wichtig war:

_____

_____

_____

_____

> Die Eltern, die Dankbarkeit
> von ihren Kindern erwarten
> (es gibt sogar solche, die sie fordern),
> sind wie Wucherer,
> sie riskieren gern das Kapital,
> wenn sie nur genug Zinsen bekommen.

Franz Kafka

Schreibe 5 Dinge, Situationen oder Menschen auf,
für die du heute Dankbar bist:

_____

_____

_____

Danke

_____

_____

_____

_____

Was dir heute besonders wichtig war:

_____

_____

_____

_____

> *Der Dank ist für kleine Seelen*
> *eine drückende Last,*
> *für edle Herzen ein Bedürfnis.*
>
> Georg Christoph Lichtenberg

Schreibe 5 Dinge, Situationen oder Menschen auf,
für die du heute Dankbar bist:

_____

_____

_____

Danke

_____

_____

_____

Was dir heute besonders wichtig war

_____

_____

_____

_____

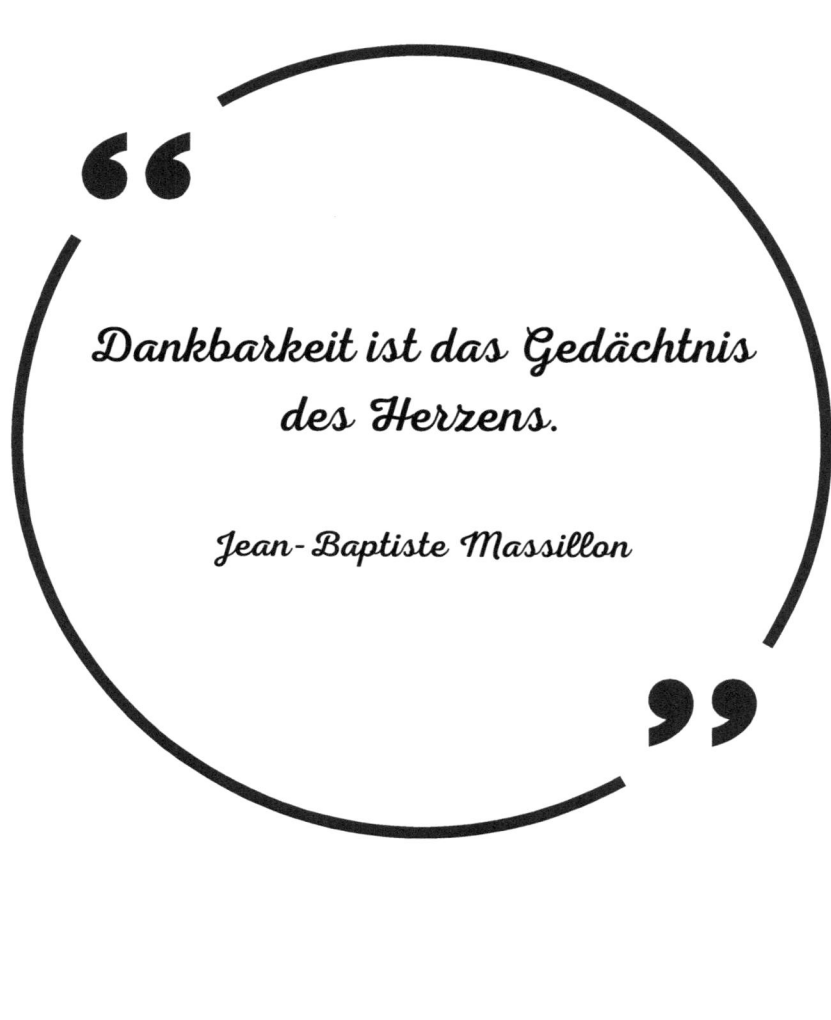

Dankbarkeit ist das Gedächtnis
des Herzens.

Jean-Baptiste Massillon

Schreibe 5 Dinge, Situationen oder Menschen auf,
für die du heute Dankbar bist:

_____

_____

_____

_____

_____

_____

_____

_____

Was dir heute besonders wichtig war:

_____

_____

_____

_____

In jede hohe Freude mischt sich eine
Empfindung der Dankbarkeit.

Marie von Ebner-Eschenbach

Schreibe 5 Dinge, Situationen oder Menschen auf,
für die du heute Dankbar bist:

_____

_____

_____

Danke

_____

_____

_____

_____

Was dir heute besonders wichtig war:

_____

_____

_____

_____

Zen-Geschichte

Einst saß ein alter, weiser Mann unter einem
Baum und sah den Tod des Weges kommen.
Der Weise fragte ihn:
„Wohin gehst Du?"
Der Tod antwortete ihm:
„Ich gehe in die Stadt
und werde dort hundert Menschen töten."

Auf seiner Rückreise kam der Tod wieder bei dem
Weisen vorbei.

Der Weise sprach zu ihm:
„Du sagtest mir,
Du wolltest hundert Menschen töten.
Reisende haben mir allerdings berichtet,
dass zehntausend gestorben seien."

Der Tod erwiderte:
„Ich tötete nur hundert.
Die übrigen hat ihre eigene Angst umgebracht."

Wochenreflektion

Welchen 5 Situationen warst du in dieser Woche besonders Dankbar?

_____

_____

_____

_____

_____

Welchen Menschen warst du in dieser Woche besonders Dankbar und warum?

_____

_____

_____

_____

_____

Wochenreflektion

Beschreibe kurz deinen Glücklichsten Moment in dieser Woche:

_____

_____

_____

_____

_____

Was war dir in dieser Woche noch wichtig und wertvoll?

_____

_____

_____

_____

_____

"

Der Undank
ist immer eine Art Schwäche.
Ich habe nie gesehen,
dass tüchtige Menschen
undankbar gewesen wären.

Johann Wolfgang von Goethe

"

Schreibe 5 Dinge, Situationen oder Menschen auf,
für die du heute Dankbar bist:

_____

_____

_____

_____

_____

_____

_____

_____

Was dir heute besonders wichtig war:

_____

_____

_____

_____

"——

*Bewahren von Dankbarkeit
besteht darin,
dass ich für alles,
was ich Gutes empfangen habe,
Gutes tue.*

Albert Schweitzer

——"

Schreibe 5 Dinge, Situationen oder Menschen auf,
für die du heute Dankbar bist:

_____

_____

_____

_____

_____

_____

_____

Was dir heute besonders wichtig war:

_____

_____

_____

_____

> *Die größte Kraft des Lebens ist der Dank.*
>
> Hermann von Bezzel

Schreibe 5 Dinge, Situationen oder Menschen auf,
für die du heute Dankbar bist

_____

_____

_____

Danke

_____

_____

_____

Was dir heute besonders wichtig war:

_____

_____

_____

_____

In einem dankbaren Herzen
herrscht ewiger Sommer.

Celia Thaxter

Schreibe 5 Dinge, Situationen oder Menschen auf,
für die du heute Dankbar bist

_____

_____

_____

Danke

_____

_____

_____

Was dir heute besonders wichtig war:

_____

_____

_____

_____

Wer nicht danken kann,
kann auch nicht lieben.

Jeremias Gotthelf

Schreibe 5 Dinge, Situationen oder Menschen auf,
für die du heute Dankbar bist:

_____

_____

_____

_____

_____

_____

_____

_____

Was dir heute besonders wichtig war:

_____

_____

_____

_____

> *Da wird es hell in unserem Leben,*
> *wo man für das Kleinste danken lernt.*
>
> Friedrich von Bodelschwingh

Schreibe 5 Dinge, Situationen oder Menschen auf,
für die du heute Dankbar bist:

_____

_____

_____

_____

_____

_____

_____

Was dir heute besonders wichtig war:

～～～～～～～～～～～～～～～～～～～～～～～～

～～～～～～～～～～～～～～～～～～～～～～～～

～～～～～～～～～～～～～～～～～～～～～～～～

～～～～～～～～～～～～～～～～～～～～～～～～

*Wir sind für nichts so dankbar
wie für Dankbarkeit.*

Marie von Ebner-Eschenbach

Schreibe 5 Dinge, Situationen oder Menschen auf,
für die du heute Dankbar bist:

_____

_____

_____

_____

_____

_____

_____

Was dir heute besonders wichtig war:

_____

_____

_____

_____

Zen-Geschichte

Drei heilige Männer gingen zusammen auf Reisen.
Der eine war ein indischer Yogi, der zweite ein
Sufi-Derwisch, der dritte ein Zen-Mönch.
Unterwegs kamen sie zu einem kleinen Fluss.
Die Brücke, die ursprünglich darüber führte, war
vom Schmelzwasser weggespült worden.

„Ich zeige euch, wie man einen Fluss überquert",
sagte der Yogi - und ging doch tatsächlich hinüber,
und zwar direkt auf der Wasseroberfläche!

„Nein, nein, so macht man das nicht",
sagte der Derwisch. „Passt gut auf, Freunde."
Er fing an, sich im Kreis zu drehen, schneller und
schneller, bis er nur noch ein verwaschener Fleck
aus konzentrierter Energie war, und ganz plötzlich
- peng! - sprang er an das anderer Ufer.

Der Zen-Mönch stand da und schüttelte den Kopf.
„Ihr Dummköpfe", sagte er, „ich zeige euch, wie
man einen Fluss überquert."

Und damit hob er sein Gewand an und watete
vorsichtig durch den Fluss.

Wochenreflektion

Welchen 5 Situationen warst du in dieser Woche besonders Dankbar?

_____

_____

_____

_____

_____

Welchen Menschen warst du in dieser Woche besonders Dankbar und warum?

_____

_____

_____

_____

_____

Wochenreflektion

Beschreibe kurz deinen Glücklichsten Moment in dieser Woche:

_____

_____

_____

_____

_____

Was war dir in dieser Woche noch wichtig und wertvoll?

_____

_____

_____

_____

Ohne Liebe,
ohne Menschlichkeit im Herzen
und ohne Dankbarkeit gegen den,
dessen Gebot Liebe und Erbarmen und
dessen große Eigenschaft und
Wohlwollen ist gegen alles, was atmet,
kann wahres Glück nicht erlangt werden.

Charles Dickens

Schreibe 5 Dinge, Situationen oder Menschen auf,
für die du heute Dankbar bist:

_____

_____

_____

_____

_____

_____

_____

_____

_____

Was dir heute besonders wichtig war:

_____

_____

_____

_____

*Dankbarkeit ist nicht nur
die größte aller Tugenden,
sondern auch die Mutter von allen.*

Marcus Tullius Cicero

Schreibe 5 Dinge, Situationen oder Menschen auf,
für die du heute Dankbar bist:

Danke

Was dir heute besonders wichtig war:

Die Dankbarkeit ist ein Gefühl,
welches das Herz veredelt und bessert,
wohltätig für den, der empfängt,
wie für den, welcher gibt.

Adolph Knigge

Schreibe 5 Dinge, Situationen oder Menschen auf,
für die du heute Dankbar bist:

_____

_____

_____

_____

_____

_____

_____

Was dir heute besonders wichtig war:

> *Nur freie Menschen sind einander wahrhaft dankbar.*
>
> Baruch de Spinoza

Schreibe 5 Dinge, Situationen oder Menschen auf,
für die du heute Dankbar bist:

_____

_____

_____

Danke

_____

_____

_____

Was dir heute besonders wichtig war:

_____

_____

_____

_____

Niemand ist dir irgendetwas schuldig,
also sei dankbar
für alles was die Menschen dir geben.

Aretha Franklin

Schreibe 5 Dinge, Situationen oder Menschen auf,
für die du heute Dankbar bist:

_____

_____

_____

_____

_____

_____

_____

Was dir heute besonders wichtig war:

> „Wer nicht zufrieden ist mit dem,
> was er hat,
> der wäre auch nicht zufrieden mit dem,
> was er haben möchte.
>
> Berthold Auerbach"

Schreibe 5 Dinge, Situationen oder Menschen auf,
für die du heute Dankbar bist:

_____

_____

_____

_____

_____

_____

_____

Was dir heute besonders wichtig war:

_____

_____

_____

_____

Dankbarkeit bringt Sinn in unsere Vergangenheit,
Frieden in unsere Gegenwart
und Perspektive in unsere Zukunft.

Melody Beattie

Schreibe 5 Dinge, Situationen oder Menschen auf,
für die du heute Dankbar bist:

Danke

Was dir heute besonders wichtig war:

Zen-Geschichte

Was machst du, um dich zu entspannen?"
fragt der Schüler seinen Meister.
„Nichts"
erwiderte der Meister.
„Wenn ich gehe, gehe ich,
wenn ich esse, esse ich,
und wenn ich schlafe, schlafe ich."
„Das tun doch alle"
meinte der Schüler darauf.
„Eben nicht!"
antwortete der Meister.

Wochenreflektion

Welchen 5 Situationen warst du in dieser Woche besonders Dankbar?

_____

_____

_____

_____

_____

Welchen Menschen warst du in dieser Woche besonders Dankbar und warum?

_____

_____

_____

_____

Wochenreflektion

Beschreibe kurz deinen Glücklichsten Moment in dieser Woche:

_____

_____

_____

_____

_____

Was war dir in dieser Woche noch wichtig und wertvoll?

_____

_____

_____

_____

Wenn du dankbar bist
- wenn du erkennst was du hast -
wird dein Leben zu einem Segen.

Suze Orman

Schreibe 5 Dinge, Situationen oder Menschen auf,
für die du heute Dankbar bist:

_____

_____

_____

_____

_____

_____

_____

Was dir heute besonders wichtig war:

Der Lohn einer guten Handlung liegt darin,
daß man sie vollbracht hat."

Lucius Annaeus Seneca

Schreibe 5 Dinge, Situationen oder Menschen auf,
für die du heute Dankbar bist:

_____

_____

_____

_____

_____

_____

_____

Was dir heute besonders wichtig war:

Dankbarkeit ist eine Frucht,
die sorgfältige Pflege verlangt.
Bei unfeinen Menschen gedeiht sie nicht.

Samuel Johnson

Schreibe 5 Dinge, Situationen oder Menschen auf,
für die du heute Dankbar bist:

_____

_____

_____

Danke

_____

_____

_____

Was dir heute besonders wichtig war:

_____

_____

_____

_____

❝

*Wenn du einen verhungernden Hund aufliest
und machst ihn satt,
dann wird er dich nicht beißen.
Das ist der Grundunterschied
zwischen Hund und Mensch.*

Mark Twain

❞

Schreibe 5 Dinge, Situationen oder Menschen auf,
für die du heute Dankbar bist:

_____

_____

_____

_____

_____

_____

_____

_____

Was dir heute besonders wichtig war:

_____

_____

_____

_____

66

Du sollst arbeiten und streben;
aber auch leben !
Du sollst deine Pflichten sehen;
aber auch Spaß verstehen !
Mach´ alles im Leben zu seiner Zeit,
mit Ernst, mit Freude, mit Dankbarkeit !

Fred Ammon

99

Schreibe 5 Dinge, Situationen oder Menschen auf,
für die du heute Dankbar bist:

_____

_____

_____

Danke

_____

_____

_____

Was dir heute besonders wichtig war:

_____

_____

_____

_____

Achtsames Essen verbindet uns mit der Nahrung, die uns von der Natur, den Lebewesen und dem Kosmos geschenkt wird, und drückt unsere Dankbarkeit dafür aus.

Thich Nhat Hanh

Schreibe 5 Dinge, Situationen oder Menschen auf,
für die du heute Dankbar bist:

_____

_____

_____

_____

_____

_____

_____

Was dir heute besonders wichtig war:

_____

_____

_____

_____

—  —

Man sollte sich über Eitelkeit beklagen.
Nur ausgesprochene Schurken sind
wissentlicher Undankbarkeit fähig;
fast jedermann aber denkt, er habe mehr getan,
als der andere verdient, während der andre
denkt, er habe weniger empfangen,
als er verdiene.

Alexander Pope

Schreibe 5 Dinge, Situationen oder Menschen auf,
für die du heute Dankbar bist:

_____

_____

_____

Danke

_____

_____

_____

Was dir heute besonders wichtig war:

_____

_____

_____

_____

Zen-Geschichte

Eines Tages drang ein Dieb in die Hütte des Zen Meisters Shichiri Kojun ein: „Geld her oder ich werde dich töten!" drohte er. Kojun erwiderte ruhig: „Mein Geld ist dort drüben in der Schublade. Nimm es dir, aber vielleicht bist du so nett und lässt mir noch ein klein wenig übrig, da ich morgen noch etwas Reis einkaufen möchte." Der Dieb war zwar sehr erstaunt, nahm sich dann aber doch fast das ganze Geld. Als er schon an der Tür war, sagte Kojun: „Wenn man etwas erhalten hat, sollte man sich auch dafür bedanken." „Danke" erwiderte der Dieb kopfschüttelnd und verschwand. Wenig später wurde der Mann bei einem anderen Einbruch verhaftet, und er gestand, unter anderem auch den Zen-Meister bestohlen zu haben, der daraufhin zur Polizeiwache gerufen wurde. „Er hat auch euer Geld gestohlen, nicht wahr?" fragte der Polizist. „Oh nein, er hat mir nichts gestohlen. Ich gab ihm das Geld, und er bedankte sich dafür" sagte Kojun. Als der Mann seine wegen der anderen Vergehen gegen ihn verhängte Strafe verbüßt hatte, kam er zu Zen-Meister Kojun und bat darum, sein Schüler werden zu dürfen.

Wochenreflektion

Welchen 5 Situationen warst du in dieser Woche besonders Dankbar?

_____

_____

_____

_____

_____

Welchen Menschen warst du in dieser Woche besonders Dankbar und warum?

_____

_____

_____

_____

_____

Wochenreflektion

Beschreibe kurz deinen Glücklichsten Moment in dieser Woche:

_____

_____

_____

_____

_____

Was war dir in dieser Woche noch wichtig und wertvoll?

_____

_____

_____

_____

_____

> *Danken ist eine Liebeserklärung an das Leben.*
>
> Irina Rauthmann

Schreibe 5 Dinge, Situationen oder Menschen auf,
für die du heute Dankbar bist

_____

_____

_____

Danke

_____

_____

_____

Was dir heute besonders wichtig war:

_____

_____

_____

_____

> Wem genug zu wenig ist,
> dem ist nichts genug.
>
> Epikur von Samos

Schreibe 5 Dinge, Situationen oder Menschen auf,
für die du heute Dankbar bist:

_____

_____

_____

_____

_____

_____

_____

_____

Was dir heute besonders wichtig war:

_____

_____

_____

_____

Am Horizont der Dankbarkeit beginnt der Horizont des Friedens.

Christof Maria Lebek

Schreibe 5 Dinge, Situationen oder Menschen auf,
für die du heute Dankbar bist:

_____

_____

_____

_____

_____

_____

_____

Danke

Was dir heute besonders wichtig war:

_____

_____

_____

_____

> *Dankbarkeit ist das Licht,*
> *das alle Schattenseiten des Verlangens beseitigt.*
>
> *Christian F. Frierson aus Nidda*

Schreibe 5 Dinge, Situationen oder Menschen auf,
für die du heute Dankbar bist:

_____

_____

_____

_____

_____

_____

_____

Was dir heute besonders wichtig war:

_____

_____

_____

_____

Ich leiste meinen Beitrag durch beherzte Kommunikation und ethisch hochsstehendes Handeln für alles Lebende und Lebendige auf diesem Planeten. Damit fördere ich Frieden, Liebe, Glück, Freude und Dankbarkeit.

Iris Ehrler

Schreibe 5 Dinge, Situationen oder Menschen auf,
für die du heute Dankbar bist:

_____

_____

_____

_____

_____

_____

_____

_____

Was dir heute besonders wichtig war:

_____

_____

_____

_____

Glück ist Selbstgenügsamkeit.

Aristoteles

Schreibe 5 Dinge, Situationen oder Menschen auf,
für die du heute Dankbar bist:

_____

_____

_____

_____

_____

_____

_____

_____

Was dir heute besonders wichtig war:

_____

_____

_____

_____

"

Auszeichnungen sind nicht so wichtig für mich,
wie wenn ein 10jähriges Kind sagt,
"Ich liebe Captain Jack Sparrow!"

Johnny Depp

"

Schreibe 5 Dinge, Situationen oder Menschen auf,
für die du heute Dankbar bist:

_____

_____

_____

Danke

_____

_____

_____

Was dir heute besonders wichtig war:

_____

_____

_____

_____

Zen-Geschichte

Ein Zen-Schüler fragte seinen Meister:
„Was ist das Wichtigste im Zen?"
„Aufmerksamkeit", erwiderte der Meister.
„Ach, vielen Dank", sagte der Schüler.
„Aber kannst du mir das Zweitwichtigste verraten?"
Und der Meister antwortete: „Aufmerksamkeit"

Wochenreflektion

Welchen 5 Situationen warst du in dieser Woche besonders Dankbar?

_____

_____

_____

_____

_____

Welchen Menschen warst du in dieser Woche besonders Dankbar und warum?

_____

_____

_____

_____

_____

Wochenreflektion

Beschreibe kurz deinen Glücklichsten Moment in dieser Woche:

_____

_____

_____

_____

_____

Was war dir in dieser Woche noch wichtig und wertvoll?

_____

_____

_____

_____

_____

Dankbarkeit macht das Leben erst reich.

Dietrich Bonhoeffer

Schreibe 5 Dinge, Situationen oder Menschen auf,
für die du heute Dankbar bist:

_____

_____

_____

_____

_____

_____

_____

Was dir heute besonders wichtig war:

_____

_____

_____

_____

Der Weg zur Zufriedenheit
führt mitten durch die Dankbarkeit.

Ernst Festl

Schreibe 5 Dinge, Situationen oder Menschen auf,
für die du heute Dankbar bist:

_____

_____

_____

_____

_____

_____

_____

_____

Danke

Was dir heute besonders wichtig war:

_____

_____

_____

_____

Dankbarkeit ist das Gedächtnis des Herzens.

Jean-Baptiste Massillon

Schreibe 5 Dinge, Situationen oder Menschen auf,
für die du heute Dankbar bist:

_____

_____

_____

_____

_____

_____

_____

_____

Was dir heute besonders wichtig war:

_____

_____

_____

_____

> "Reich wird man erst durch Dinge,
> die man nicht begehrt.

Mahatma Gandhi

Schreibe 5 Dinge, Situationen oder Menschen auf,
für die du heute Dankbar bist:

_____

_____

_____

_____

_____

_____

_____

Was dir heute besonders wichtig war:

_____

_____

_____

_____

Erwarte keine Dankbarkeit,
wenn Du einem Menschen Gutes tust:
Du hast seine Schwächen aufgedeckt.

Elbert Hubbard

Schreibe 5 Dinge, Situationen oder Menschen auf,
für die du heute Dankbar bist:

_____

_____

_____

_____

_____

_____

_____

_____

Was dir heute besonders wichtig war:

_____

_____

_____

_____

"

Ein dankbares Herz ist der Anfang jeder Größe. Es ist ein Ausdruck von Demut und eine Grundlage für Werte wie Glaube, Mut, Glück, Liebe und Zufriedenheit.

James E. Faust

"

Schreibe 5 Dinge, Situationen oder Menschen auf,
für die du heute Dankbar bist:

_____

_____

_____

_____

_____

_____

_____

Was dir heute besonders wichtig war:

_____

_____

_____

_____

> *Das Glück gehört denen, die sich selbst genügen. Denn alle äußeren Quellen des Glückes und Genusses sind ihrer Natur nach höchst unsicher, misslich, vergänglich und dem Zufall unterworfen.*
>
> Arthur Schopenhauer

Schreibe 5 Dinge, Situationen oder Menschen auf,
für die du heute Dankbar bist:

_____

_____

_____

_____

_____

_____

_____

Was dir heute besonders wichtig war:

_____

_____

_____

_____

Zen-Geschichte

Ein Reisender kam in ein Kloster,
um den Meister zu hören.
Nach einer Weile sprach er zu einem der anderen
Schüler:
„Ich bin weit gereist, um dem Meister zuzuhören.
Aber jetzt, wo ich ihn höre, finde ich seine Worte
ganz gewöhnlich."
Der Schüler antwortete:
„Höre nicht auf seine Worte.
Höre auf seine Botschaft."
„Und wie macht man das?"
„Halte dich an einen Satz,
den er sagt.
Schüttle ihn dann gut durch,
bis alle Wörter herausfallen.
Was übrig bleibt, wird dein Herz entflammen."

Wochenreflektion

Welchen 5 Situationen warst du in dieser Woche besonders Dankbar?

_____

_____

_____

_____

_____

Welchen Menschen warst du in dieser Woche besonders Dankbar und warum?

_____

_____

_____

_____

_____

Wochenreflektion

Beschreibe kurz deinen Glücklichsten Moment in dieser Woche:

_____

_____

_____

_____

_____

Was war dir in dieser Woche noch wichtig und wertvoll?

_____

_____

_____

_____

_____

> "
> Es ist schwer, das Glück in uns zu finden,
> und es ist ganz unmöglich,
> es anderswo zu finden.
>
> Nicolas Chamfort
> „

Schreibe 5 Dinge, Situationen oder Menschen auf,
für die du heute Dankbar bist

_____

_____

_____

Danke

_____

_____

_____

Was dir heute besonders wichtig war:

_____

_____

_____

_____

Dankbarkeit ist ein ausgeprägter Sinn für Gefälligkeiten, die noch ausstehen.

François de La Rochefoucauld

Schreibe 5 Dinge, Situationen oder Menschen auf,
für die du heute Dankbar bist:

Danke

Was dir heute besonders wichtig war:

Dankbarkeit ist der Wein für die Seele.
Mach weiter. Werde betrunken.

Rumi

Schreibe 5 Dinge, Situationen oder Menschen auf,
für die du heute Dankbar bist:

_____

_____

_____

Danke

_____

_____

_____

Was dir heute besonders wichtig war:

_____

_____

_____

_____

> *Zufriedenheit ist der Stein der Weisen,*
> *der alles in Gold verwandelt*
> *das er berührt.*
>
> Benjamin Franklin

Schreibe 5 Dinge, Situationen oder Menschen auf,
für die du heute Dankbar bist:

_____

_____

_____

_____

Danke

_____

_____

_____

Was dir heute besonders wichtig war

_____

_____

_____

_____

"

**Gedenk der Quelle,
wenn du trinkst.**

Chinesisches Sprichwort

"

Schreibe 5 Dinge, Situationen oder Menschen auf,
für die du heute Dankbar bist:

_____

_____

_____

_____

_____

_____

_____

Was dir heute besonders wichtig war:

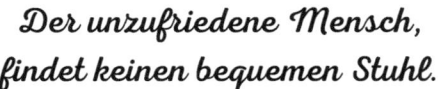

Der unzufriedene Mensch,
findet keinen bequemen Stuhl.

Benjamin Franklin

Schreibe 5 Dinge, Situationen oder Menschen auf,
für die du heute Dankbar bist:

_____

_____

_____

_____

_____

_____

_____

Danke

Was dir heute besonders wichtig war:

_____

_____

_____

_____

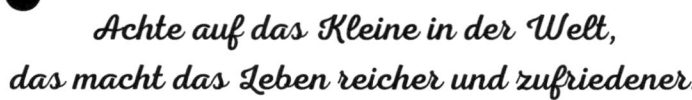

Achte auf das Kleine in der Welt,
das macht das Leben reicher und zufriedener.

Karl Hilty

Schreibe 5 Dinge, Situationen oder Menschen auf,
für die du heute Dankbar bist:

_____

_____

_____

Danke

_____

_____

_____

Was dir heute besonders wichtig war:

_____

_____

_____

_____

Zen-Geschichte

Njoku kommt zum Meister und bittet ihn um Rat.
Er erzählt folgendes: Immer wenn er in der
Abendstunde zum Tempel gehe um seine Andacht
zu verrichten, sei der Schatten vor ihm so lang und
schwarz. Er habe dabei immer das Gefühl, dass
auch sein Inneres schwarz und trostlos sei - er
fühle sich sehr mit Sünde behaftet.
„Was soll ich tun, verehrter Lehrer?", bittet Njoku.

Der Meister sagt:
„Hast du die Lösung noch nicht gefunden? Wende
dich doch ganz einfach um, dann gibt es keinen
Schatten mehr!"

Wochenreflektion

Welchen 5 Situationen warst du in dieser Woche besonders Dankbar?

_____

_____

_____

_____

_____

Welchen Menschen warst du in dieser Woche besonders Dankbar und warum?

_____

_____

_____

_____

_____

Wochenreflektion

Beschreibe kurz deinen Glücklichsten Moment in dieser Woche:

_____

_____

_____

_____

_____

Was war dir in dieser Woche noch wichtig und wertvoll?

_____

_____

_____

_____

_____

> *Dankbarkeit ist der Zauber einer reifen Seele*
>
> Elmar Kupke

Schreibe 5 Dinge, Situationen oder Menschen auf,
für die du heute Dankbar bist:

_____

_____

_____

_____

_____

_____

_____

Was dir heute besonders wichtig war:

_____

_____

_____

_____

> *Da wird es hell in unserem Leben,*
> *wo man für das Kleinste danken lernt.*
>
> Friedrich von Bodelschwingh

Schreibe 5 Dinge, Situationen oder Menschen auf,
für die du heute Dankbar bist

_____

_____

_____

_____

_____

_____

_____

Was dir heute besonders wichtig war:

_____

_____

_____

_____

Wem Mutter Natur ein Gärtchen gibt und Rosen, dem gibt sie auch Raupen und Blattläuse, damit er's verlernt, sich über Kleinigkeit zu entrüsten.

Wilhelm Busch

Schreibe 5 Dinge, Situationen oder Menschen auf,
für die du heute Dankbar bist:

Danke

Was dir heute besonders wichtig war:

Glück ist nicht in einem ewig lachenden Himmel zu suchen, sondern in ganz feinen Kleinigkeiten, aus denen wir unser Leben zurechtzimmern.

Carmen Sylva

Schreibe 5 Dinge, Situationen oder Menschen auf,
für die du heute Dankbar bist:

_____

_____

_____

_____

_____

_____

_____

Was dir heute besonders wichtig war:

_____

_____

_____

_____

*Der Dank ist für kleine Seelen eine
drückende Last,
für edle Herzen ein Bedürfnis.*

Georg Christoph Lichtenberg

Schreibe 5 Dinge, Situationen oder Menschen auf,
für die du heute Dankbar bist:

_____

_____

_____

_____

_____

_____

_____

Was dir heute besonders wichtig war:

_____

_____

_____

_____

Die Sehnsucht ist es,
die unsere Seele nährt,
und nicht die Erfüllung.

Arthur Schnitzler

Schreibe 5 Dinge, Situationen oder Menschen auf,
für die du heute Dankbar bist:

_____

_____

_____

_____ Danke

_____

_____

_____

Was dir heute besonders wichtig war:

_____

_____

_____

_____

Und wenn die Wasser sich glätten,
siehst du Sterne und Mond
in deinem Wesen gespiegelt.

Rumi

Schreibe 5 Dinge, Situationen oder Menschen auf,
für die du heute Dankbar bist:

_____

_____

_____

_____

_____

_____

_____

Was dir heute besonders wichtig war:

_____

_____

_____

_____

Zen-Geschichte

Eines Tages ging der Meister mit einigen seiner Schüler am Flussufer spazieren. Er sprach: „Seht, wie die Fische im Wasser umher schnellen. Sie sind ganz in ihrem Element und genießen das wahrlich."

Ein Fremder, der die Aussage des Meisters mit angehört hatte, rief aus: „Meister - woher wisst Ihr das denn? Ihr seid doch gar kein Fisch!"

Die Schüler hielten den Atem an. Was für ein unverschämter Mann dieser Fremde war! Doch der Meister lächelte milde und sprach:

„Und Du, woher weißt Du, dass ich kein Fisch bin - schließlich bist Du ja auch nicht ich!"

Den Schülern erschien die Antwort des Meisters wie eine Zurechtweisung und sie lachten. Aber der Fremde war tief betroffen, denn er erkannte den Sinn in den Worten des Meisters.

Er grübelte lange über den Satz und kam dann erneut zum Meister:

„Ja, vielleicht unterscheidet Ihr Euch tatsächlich gar nicht so sehr von dem Fisch - und ich mich nicht von Euch."

Liebe sieht nicht mit den Augen,
sondern mit dem Herzen.

William Shakespeare

Schreibe 5 Dinge, Situationen oder Menschen auf,
für die du heute Dankbar bist:

_____

_____

_____

_____

_____

_____

_____

Was dir heute besonders wichtig war:

_____

_____

_____

_____

*Zufälle sind unvorhergesehene Ereignisse,
die einen Sinn haben.*

Diogenes von Sinope

Schreibe 5 Dinge, Situationen oder Menschen auf,
für die du heute Dankbar bist:

_____

_____

_____

_____

_____

_____

_____

_____

Was dir heute besonders wichtig war:

_____

_____

_____

_____

Wer einen Engel sucht
und nur auf die Flügel schaut,
könnte auch eine Gans mit nach Hause bringen.

Georg Christoph Lichtenberg

Schreibe 5 Dinge, Situationen oder Menschen auf,
für die du heute Dankbar bist:

_____

_____

_____

_____

_____

_____

_____

Was dir heute besonders wichtig war:

_____

_____

_____

_____

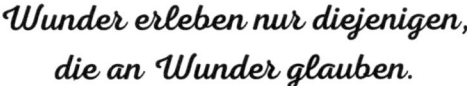

Wunder erleben nur diejenigen,
die an Wunder glauben.

Erich Kästner

Schreibe 5 Dinge, Situationen oder Menschen auf,
für die du heute Dankbar bist:

_____

_____

_____

Danke

_____

_____

_____

_____

Was dir heute besonders wichtig war:

_____

_____

_____

_____

Gib jedem Tag die Chance,
der schönste deines Lebens zu werden.

Mark Twain

Schreibe 5 Dinge, Situationen oder Menschen auf,
für die du heute Dankbar bist:

_____

_____

_____

_____

_____

_____

_____

Was dir heute besonders wichtig war:

_____

_____

_____

_____

> „Viele Missverständnisse entstehen dadurch,
> dass ein Dank nicht ausgesprochen,
> sondern nur empfunden wird.
>
> Ernst R. Hauschka "

Schreibe 5 Dinge, Situationen oder Menschen auf,
für die du heute Dankbar bist:

_____

_____

_____

_____

_____

_____

_____

Was dir heute besonders wichtig war:

_____

_____

_____

_____

— 66 —

Unter den Menschen sind es nur einzelne,
die, ohne an sich zu denken,
die reine Freude an dem haben,
was Gott selbst im Kleinsten
so schön geschaffen hat.

Adalbert Stifter

— 99 —

Schreibe 5 Dinge, Situationen oder Menschen auf,
für die du heute Dankbar bist:

_____

_____

_____

_____

_____

_____

_____

_____

Was dir heute besonders wichtig war:

Zen-Geschichte

Eines Tages wurde der Philosoph Sokrates von einem Mann besucht. „Hör zu!", sagte der Mann. „Ich will dir mal etwas über das Benehmen deines Freundes erzählen." „Halt ein!", forderte Sokrates.

„Bevor du mir die Geschichte erzählst, solltest du sie unbedingt vorher durch die drei Siebe geben."

„Welche drei Siebe?", wunderte sich der Mann.

„Nun, zuerst solltest du deine Gedanken durch das Sieb der Wahrheit geben", riet ihm Sokrates.

„Hast du auch geprüft, ob das, was du mir erzählen wirst, auch wahr ist?"

„Ob die Geschichte wahr ist, weiß ich nicht", sagte der Mann. „Ich habe diese Geschichte selbst nur gehört."

„Aber ich nehme doch an, dass du deine Geschichte durch das Sieb der Güte hast gehen lassen", fuhr Sokrates fort.

„Die Geschichte, die du mir erzählen wirst, ist doch eine gute Sache, oder?" „Aber nein, im Gegenteil!", rief der Mann. „Aha", bemerkte der Philosoph.

„Kommen wir wenigstens zum dritten Sieb. Hat die Geschichte, die du mir erzählen wirst, denn einen Nutzen?"

„Nutzen? Nicht unbedingt", überlegte der Mann.

„Dann will ich diese Geschichte auch nicht hören", entschied Sokrates.

„Wenn das, was du mir erzählen wirst, weder wahr noch gut ist und noch nicht einmal einen Nutzen hat, rate ich dir, sie am besten gleich selbst zu vergessen."

Wochenreflektion

Welchen 5 Situationen warst du in dieser Woche besonders Dankbar?

_____

_____

_____

_____

_____

Welchen Menschen warst du in dieser Woche besonders Dankbar und warum?

_____

_____

_____

_____

_____

Wochenreflektion

Beschreibe kurz deinen Glücklichsten Moment in dieser Woche:

_____

_____

_____

_____

_____

Was war dir in dieser Woche noch wichtig und wertvoll?

_____

_____

_____

_____

_____

> *Die Schattenseiten des Lebens sind notwendig,*
> *um die Sonnenseiten würdigen zu können.*
>
> Klaus Ender

Schreibe 5 Dinge, Situationen oder Menschen auf,
für die du heute Dankbar bist:

_____

_____

_____

Danke

_____

_____

_____

Was dir heute besonders wichtig war:

_____

_____

_____

_____

> *Vergiß den Anfang nicht, den Dank!*
>
> Albert Schweitzer

Schreibe 5 Dinge, Situationen oder Menschen auf,
für die du heute Dankbar bist:

_____

_____

_____

_____

_____

_____

_____

Was dir heute besonders wichtig war:

_____

_____

_____

_____

"

**Wer für die Ähre dankt,
der bekommt eine Garbe.**

Deutsches Sprichwort

"

Schreibe 5 Dinge, Situationen oder Menschen auf,
für die du heute Dankbar bist.

_____

_____

_____

Danke

_____

_____

_____

Was dir heute besonders wichtig war:

_____

_____

_____

_____

Wenn einer einen blütenreichen Frühling
und einen satten Herbst erlebt,
so muß er sich doch eingestehen,
daß es schön ist,
Mensch zu sein.

Kumagai Naoyoshi

Schreibe 5 Dinge, Situationen oder Menschen auf,
für die du heute Dankbar bist:

_____

_____

_____

_____

_____

_____

_____

_____

Was dir heute besonders wichtig war:

_____

_____

_____

_____

> „Im Dank verschlingt sich alles Sein.

Christian Morgenstern

Schreibe 5 Dinge, Situationen oder Menschen auf,
für die du heute Dankbar bist:

_____

_____

_____

Danke

_____

_____

_____

Was dir heute besonders wichtig war:

_____

_____

_____

_____

Die Wohltat ist eine stattliche Pflanze,
ihre seltenste Blüte ist Dankbarkeit.

Aus Persien

Schreibe 5 Dinge, Situationen oder Menschen auf,
für die du heute Dankbar bist:

Danke

Was dir heute besonders wichtig war:

Dankbarkeit macht den Ärmsten reich.

Andreas Tenzer

Schreibe 5 Dinge, Situationen oder Menschen auf,
für die du heute Dankbar bist:

_____

_____

_____

Danke

_____

_____

_____

Was dir heute besonders wichtig war:

_____

_____

_____

_____

Zen-Geschichte

Ein Vater reitet auf einem Esel und neben ihm läuft sein kleiner Sohn. Da sagt ein Passant empört: „ Schaut euch den an. Der lässt seinen kleinen Jungen neben dem Esel herlaufen."

Der Vater steigt ab und setzt seinen Sohn auf den Esel. Kaum sind sie ein paar Schritte gegangen ruft ein anderer:
„ Nun schaut euch die beiden an.
Der Sohn sitzt wie ein Pascha auf dem Esel und der alte Mann muss laufen."

Nun setzt sich der Vater zu seinem Sohn auf den Esel. Doch nach ein paar Schritten ruft ein anderer empört:
„ Jetzt schaut euch die Beiden an. So eine Tierquälerei".

Also steigen beide herab und laufen neben dem Esel her. Und sogleich sagt ein anderer belustigt:
„ Wie kann man nur so blöd sein. Wozu habt ihr einen Esel, wenn ihr ihn nicht nutzt."

Wochenreflektion

Welchen 5 Situationen warst du in dieser Woche besonders Dankbar?

_____

_____

_____

_____

_____

Welchen Menschen warst du in dieser Woche besonders Dankbar und warum?

_____

_____

_____

_____

_____

Wochenreflektion

Beschreibe kurz deinen Glücklichsten Momert in dieser Woche:

_____

_____

_____

_____

Was war dir in dieser Woche noch wichtig und wertvoll?

_____

_____

_____

_____

> **Ich glaube fest, daß jede Blume sich an der Luft, die sie atmet, erfreut.**
>
> William Wordsworth

Schreibe 5 Dinge, Situationen oder Menschen auf,
für die du heute Dankbar bist:

_____

_____

_____

_____

_____

_____

_____

Was dir heute besonders wichtig war:

_____

_____

_____

_____

"

Tausendfach wird dem gegeben,
tausendfach das Glück erneut,
wer sich jeden Tag im Leben
dankbar seiner Gaben freut.

Julius Lohmeyer

"

Schreibe 5 Dinge, Situationen oder Menschen auf,
für die du heute Dankbar bist:

_____

_____

_____

_____

Danke

_____

_____

_____

Was dir heute besonders wichtig war:

Die Dankbarkeit ist vor allen anderen Tugenden am meisten zu loben.

Giovanni Boccaccio

Schreibe 5 Dinge, Situationen oder Menschen auf,
für die du heute Dankbar bist:

Danke

Was dir heute besonders wichtig war:

Sei wohltätig gegen jedermann als ein Blinder und empfange eine Wohltat als ein Sehender.

Georg Philipp Harsdörffer

Schreibe 5 Dinge, Situationen oder Menschen auf,
für die du heute Dankbar bist:

_____

_____

_____

Danke

_____

_____

_____

Was dir heute besonders wichtig war:

_____

_____

_____

_____

Es kann kein Mensch dem andern etwas
vollkommen recht machen,
aber dankbar kann man doch sein.
Und Dank ist ein Boden,
auf dem die Freude gedeiht.

Berthold Auerbach

Schreibe 5 Dinge, Situationen oder Menschen auf,
für die du heute Dankbar bist:

_____

_____

_____

Danke

_____

_____

_____

Was dir heute besonders wichtig war:

_____

_____

_____

_____

Dankbarkeit ist ein göttliches Gefühl,
sie erfüllet das Herz, aber nicht bis zum
Zerspringen, sie erwärmt es,
aber nicht bis zum Fieber wie andere Gefühle.

Charlotte Brontë

Schreibe 5 Dinge, Situationen oder Menschen auf,
für die du heute Dankbar bist:

_____

_____

_____

_____

_____

_____

_____

Was dir heute besonders wichtig war:

_____

_____

_____

_____

Jeder kann segnen - durch Worte,
durch die Art eines Blickes,
durch Handeln und durch Dankbarkeit.

Peter Horton

Schreibe 5 Dinge, Situationen oder Menschen auf,
für die du heute Dankbar bist:

_____

_____

_____

_____

_____

_____

_____

Was dir heute besonders wichtig war:

_____

_____

_____

_____

Zen-Geschichte

Der Schüler kommt zu seinem blinden Meister der
ihn anweist:
„Schließ deine Augen, was kannst du hören?"
„Ich höre das Wasser, und ich höre die Vögel."
„Hörst du nicht den Grashüpfer
der vor deinen Füßen sitzt?"
„Alter Mann, wie kommt es das du diese Dinge
hörst, ohne zu sehen?"
„Junger Mann, wie kommt es,
das du diese Dinge nicht hörst?"
„Ich hatte nichts bemerkt!
Ich kann das nicht verstehen Meister."
„Das ist der Anfang." Sagte der Meister
„Wird es lange dauern, bis ich alles gelernt habe
Meister?" fragte der Schüler.

„Nur ein ganzes Leben,
vielleicht etwas länger." war die Antwort.

Wochenreflektion

Welchen 5 Situationen warst du in dieser Woche besonders Dankbar?

_____

_____

_____

_____

_____

Welchen Menschen warst du in dieser Woche besonders Dankbar und warum?

_____

_____

_____

_____

_____

Wochenreflektion

Beschreibe kurz deinen Glücklichsten Moment in dieser Woche:

_____

_____

_____

_____

_____

Was war dir in dieser Woche noch wichtig und wertvoll?

_____

_____

_____

_____

Ein Dankeschön von mir

Ich Danke dir von Herzen, das du dich für mein Dankbarkeitsbuch entschieden hast, und wenn du diese Seite liest hast du es mit sicherheit auch schon genutzt.

Ich hoffe die Inspirationen und Zitate unterstützen dich bei deiner täglichen Dankbarkeitspraxis.

Mir war es jedenfalls eine Freude dir dieses Buch zu gestalten und die Inspirationen zu recherchieren um dich bestmöglich in deiner Dankbarkeit zu stützen und zu begleiten.

Aus eigener Erfahrung weiß ich, das es Tage gibt, da möchte man einfach ins Bett, nichts mehr schreiben oder lesen und daher meine Idee mit der kleinen Inspiration, welche ja auch eine Motivation sein kann, die wenigen Minuten am Abend zu nutzen um in Dankbarkeit den Tag abzuschließen.

Wenn dir das Buch gefallen hat, es vielleicht auch mehr bewirkt hat, als du zuerst angenommen hast, würde ich mich über eine Bewertung sehr freuen.